# 아득한 별들의 고향

# 아득한 별들의 고향

서상옥 시집

신아출판사

| 시인의 마음 |

# 밤하늘에 별이 빛나기에!

석양 낙조에 황혼이 깃들면 노을빛에 영혼의 노래를 불렀습니다.

고요한 밤하늘에 유성이 흐를 때면 별똥별을 가슴에 담아 보았습니다. 붉게 타는 가랑잎 사이로 흩어지는 시혼詩魂을 느꼈습니다. 숲 속을 스쳐가는 바람결에도 자연의 숨소리를 들었습니다. 사랑과 그리움이 메아리쳐 오면 오리온 성좌를 그려보았습니다.

바닷가 모래밭에 새겨진 추억들이 파도에 밀려와 속살대던 이야기가 어쩌면 외로움을 달래주는 내 마음의 노래가 되었나 봅니다. 이끼 낀 돌담 사이로 소롯이 피어나는 기억이 가녀린 붓끝을 떨게 합니다.

세월의 강물에 밀리고 쌓인 모래알이 황금빛으로 빛나기를 꿈꾸던 어리석음을 깨닫게 됩니다. 이제야 기력이 소진되어가는 자신을 발견하고 겹쳐오는 후회의 언덕을 넘어갑니다.

저물어가는 인생의 뒤안길에 서성이다 문학이라는 글밭

에 詩라는 꽃나무를 심어왔습니다. 황토를 고르고 잡초를 뽑아내면서 가꾸어왔지만 매양 자양분이 부족하여 기름진 옥토가 아쉬울 뿐이었습니다.

'세라비(c'est la vie)! 삶이 다 그런 것을!'
외로 살아온 모순을 발견하게 됩니다.

청양青羊의 새해를 맞아 여든 살 고비에 올랐습니다. 참으로 빠른 세월의 무상과 함께 인생의 허무를 느낍니다. 그러나 희망은 꿈꾸는 자의 몫이라는 생각에 소경이 절름발이를 업고 가는 의지를 심어봅니다.
꽃잎에 추억을 새기고 별빛에 꿈을 달아 창공으로 띄워 보냅니다. 하얀 양처럼 온화한 벗님네의 품속에 안기기를 소원합니다.

매화나무 등걸에 피어나는 초록 잎새가 고운 꽃잎 되어 향기를 뿜어내었으면 합니다. 오늘도 밤하늘에 푸른 별이 빛나기에 노욕을 버리지 못한 채 별들의 고향을 노래합니다.

2015년 3월 새움 돋는 날
고사평 안뜰에서 湖心 서상옥

# 차례

## Ⅱ. 자개장롱

## Ⅲ. 그리움은 바다에

## Ⅳ. 새만금 파도소리

## V. 은빛 모래비치

## Ⅵ. 천사 나팔꽃

1부

# 별들의 고향

# 구원의 소리

어둠을 밝히는
생명의 소리
고고하게 울려 퍼진 말구유에서
영혼의 이야기를 나누게 하옵소서

천사의 나래가
하늘 문을 열고
메마른 대지에 단비를 내리시듯
성령의 불길을 내려주옵소서

찬란한 별빛 따라
동방박사 푸른 꿈을
하얀 내 마음에 아로새기며
영원한 소망을 이루게 하옵소서

구원을 사모하는
어린 양을 찾아
믿음에 사무치는 그리움으로
사랑의 십자가를 바라보게 하옵소서

오순절 다락방에
주를 찾는 자마다

여호와를 찬양하며 말씀으로 위로받고
천성문을 향하여 걸어가게 하옵소서

찬송하리로다
나의 기도 들으소서
목마른 심령 속에 내 구주 임재하여
구원의 손길 영원하게 하옵소서

# 새날에는

갓난아이 눈망울
방실대는 미소
옹아리를
가슴에 담겠다

동토를 허빈 새싹
매화나무 꽃눈
봄새들의 노래를
가슴에 안겠다

하얗던 동화
초록빛 연정
사무친 그리움을
가슴에 새겨야겠다

영상에 떠오르는
고운 추억을
가슴에 품어야지
또, 새날에는

# 부활復活

서풍이여
그 칼칼한 넋이여!
나의 넋이 되려무나

세찬 그대여
영혼의 무덤을 헤치고
내게로 안겨오라

새로운 목숨을 낳기 위해
벌거벗은 내 마음에
고운 수를 놓아보자

꿈과 사랑이
영원과 영원으로
새하얀 나래를 펴 보자.

# 삶

황혼에 잠든
노병의 이야기가
불사조의 넋이라 했다

미래가 없다 해도
오늘은 싸워야 한다

무수한 꿈들이
영롱한 삶이라

발굽이 없어도
한없이 걸어야 한다

삶의 대열에서
호흡을 견주어본다.

# 당고의 설움

별빛이 물먹은 밤거리에
유령처럼 스쳐가는 검은 동자
태고의 생명이 진통하는
당고에 울부짖는 함성이어라

희미한 가로등이 외로울 때
깊어가는 적막을 깨치우며
이십 세기 황혼길을 방황하는
당고에 목메인 설움이어라

설움에 제우친 지구 덩이를
고아처럼 끝없는 여로에서
문명이란 황금률을 저주하는
당고에 지친 통곡이어라.

## 자화상

흔적이라 하기엔
너무 저린 가슴
굳센 삶이었다

꿈만 가지면
두려움이 없었고
슬기로움도 없이
흘러온 인생이라

하소연에 기댈 수 없어
사막에서 방황타가
시련의 나루터에
걸터앉은 자화상

아득한 옛날
골목길 누비던 사내
더벅머리 쓰다듬어
구름 잡아 휘어 안던
그리운 그날들

추억의 빈지문에 서성이다
운명 앞에서

흰머리 주름살
헤아릴 때
천주님 손을 들어
운명은 하늘의 뜻이란다

# 무소유의 행복

육신도 버리고
영혼도 버리고
텅 빈 마음에
큰 충만을 안는다

맑은 가난을
별빛에 모으고
혼과 혼의 속삭임
나를 버리자

피는 꽃잎의 생명은
지는 꽃잎의 눈물은
신의 묶임을 알아야지

바닷가 조약돌이
고와지는 것은
부드러운 물결
사랑도 미움도
다 그래야지

맑고 향기롭게 사는 길
꽃망울 터지는 소리

새들의 고운 노래를
가슴으로 들어야 한다

생명의 신비도
다정한 눈빛도
산사의 독경도
좁은 골방에
깊이 잠재우리

삶의 의미를
나누던 꽃밭에
마지막 선물로
하나도 남김없이
재로 뿌려진다

날아가는 구름 위로
지나가는 바람결에
버리고 또 버리자

— 法頂 스님을 추모하며

# 허무虛無

허공을 맴돌이치다
터엉빈 자리를 찾아
사라져간다

서릿발에 흩날리는
낙엽이 뒹굴 듯

붙잡을 수 없는
구름 속으로
속절없이 흘러간다

무수한 밤과 낮 사이
석양길을 걸으며
외로움을 즐겨야 한다

모래알이 쌓이면
바위가 되리라고
다시 한 번 속아 본다.

# 기억記憶(2)

짙어가는 외로움
기쁨보다 슬픈 날이
때로는 아름다운
눈물이었지

잊을 수 없는 추억
끝없이 맴돌다
벼랑에 빠져버린
고독이 스민다

사무쳐 오는 옛날도
어둠에 묻혀 버린
가녀린 소곡
오열을 거듭한다

사반의 십자가
모래알에 덮싸인
깊은 잠속에서
잊힌 꿈을 찾는다

# 망각忘却

망각을 두려워하며
망각 속에 산다

잃어버린 삶
푸른 바다 산호일지라도
까맣게 잊히고 있다

그러지 말자고
외치고 발버둥쳐도
따가운 느낌은
안개 되어 사라져간다

싸늘하게 식어가는 시간
세월이 약이라고 한다

서러움도 분노도 모르는
그, 망각의 세계
한 푼의 미련도 없이
도망쳐버린 날이다

# 자존심自尊心

혼백 하나로 살아오는
말없는 특권이라 하자

비틀거리는 세사에도
쓰러질 줄 모르는 지팡이

파도에 밀려와도
부서지지 않는 돛대다

의지의 푯대가 되어
굳세게 질주하는 넋이다

멍들어 오는 오욕을
맑게 씻어주는 정화수

오직 한마음으로
올곧게 서 있는 지조다

# 유언遺言(2)

참,
머~언 길을 걸어왔다

신발은 몇 켤레나 닳았는지
하늘 높이 별을 헤아리다
예까지 달려왔다

무지개 잡으려다
해바라기 영글면
달빛에 웃다
푸른 강 건너 황토밭에 누워
수수이삭 꿈도 알알이 꾸었다

참새 모아 헛간 허비던
돌담집 뿌연 연기도
구름 따라 하늘로 하얗게 비우고
하늘 따라 또 비우고

아장거리던 발소리
귓속에 숨어들고
색동저고리 앞섶도
눈 속에 묻었다

참, 오랜 그리움이다
가슴 아린 추억으로
피는 사랑꽃이다

소나무 그림자 밑에
잠꼬대마저 향그럽다면……
소리 없는 사랑의 노래
그냥, 들어다오 보아다오
늙어도 쉬지 않는 동화로 들어다오

## 별들의 고향

푸른 하늘에 매달려
소롱소롱 사운대는
별들의 보금자리
은하수 건너
하냥 그리움에 잠겨 있다

억만년 세월이 가도
이슬 맺힌 별빛
주워 담지 못하고
날빛 두려워
어둠 속 고요를 찾는
별들의 고향

항도를 잊은 채
방황하는 운명
직녀성을 찾아
우주를 맴돌고 있다

동화 같은 꿈망울
어른의 소망으로
별 하나에 쏟아지는
영원한 고향이다

# 세월의 강물

햇살로 막으려
몸살을 쳐도
쉼없이 흘러간다

늘상 새론 강물
달빛 새기며
파랗던 이야기
붉어진 넋을
띄워 보내리라

벅차오는 강물
밤낮으로 덮여와
쫓기는 아우성
애타는 그리움
고요한 숨결이다

세월의 강물에
속살대는 가슴
별빛 담아
더엉실 띄워 보내리

# 그리움은 언제나

그렇게도 많은 사연들이
사랑이란 이름으로 흘러갔지만
호수처럼 조용히 가라앉아 있는
그리움은 언제나 남아돈다

세월이 강물 되어 갈지라도
내 마음 늘상 그곳에
추억으로 고스란히 잠겨 있어
그리움은 언제나 새로워진다

초록빛 풀잎 사랑
갈대숲에서 속삭임
영원을 나누어 오던 그날
그리움은 언제나 그곳에 있다

태양이 해변에서 불타올 때
푸른 가슴은 파도를 넘어
멎을 줄 모르는 꿈 나래로
그리움은 언제나 여울져 온다

안개구름 피어나고
노오란 단풍 곱게 물들어 갈 때

노을 위로 황혼이 덮여 오면
그리움은 언제나 가슴에 안겨온다

하얀 눈발이 내려앉을 때
멀리 들려오는 새벽 종소리
아련히 스며오는 영혼의 이야기
그리움은 언제나 나를 감싼다.

바람처럼 안겨오는 그리움
묻혀져 가는 추억 속에 남아
정다움으로 가슴팍에 파고들어
그리움은 언제나 내 맘에 여울져 있다.

# 노을빛 그리움

햇살 적신 황혼이 오면
노을빛에 어린 추억
꽃눈으로 피어올라
감돌아 오는 그리움

잡을 수 없는 정겨움
가슴팍에 안겨와
갈증처럼 목타오는
애련한 그리움

아기 잎새에 새긴 연정
초록 치마에 물들여
단풍으로 불태우다
눈꽃 속에 숨어든 그리움

떠도는 구름 위로
술렁이는 바람결
노변의 정담인 양
안방 놋화로에
쌓이고 쌓인 그리움

석양 낙조 노을빛
붉게 타오를 때
어둠에 묻혀가는
내일을 향한 그리움

주홍빛 황혼이 들면
별이 빛나는 밤에
달빛 나누고 싶어
잠겨오는 그리움

# 소라의 꿈

푸른 바다 외로이
소라의 꿈

망망한 창해에도
두려움이 없고
세찬 파도에도
고독을 이겨내었다.

끝없는 바다 기슭
헤일 수 없는 모래밭
조가피 등에 업고
파아란 꿈을 키웠다.

태양으로 거친 물결
별빛에 고요한 숨결
푸른 바다 외로이
바다 이야기 듣는다.

매찬 파도 소리에
소라의 꿈
날로 여물어 간다

# 스승의 은혜

가없는 스승의 은혜
못 갚을 줄 알면서도
안타까운 가슴으로
은사님 불러본다

푸른 꿈 심어 주시던
스승의 목소리
내 안에 새로 피어

다정하게 들려오는
스승의 말씀
다하지 못한 정한으로
뜨겁게 안겨온다

2부

# 자개장롱

# 뜨락에서

어린 날이 안겨온다
봄볕이 그리운 땅
좁은 가슴에
사운대는 바람
한없는 욕망은
파랑새 꿈이려니

허공에 파문을 그리다
고운 나래 접어
하늘에 떨치고
뜨락에 내려앉아
곰살스런 속삭임
햇살 타고 오는가

아직 화사함 멀어도
소망이 짙어
날숨이 요동치는
심장의 고동 소리

아련한 골목길
추억 어린 흔적
어둠으로 파고든다

삶의 가장자리에
조아린 영혼
서러움 삼키고
우주의 소리를 듣는다

## 막내딸

눈동자에 녹아들어
마지막까지 타오르는 애정
자비로운 어버이 가슴이다

해님 달님 동화 속에
맑은 웃음꽃 피우며
예쁜 자랑 뽐내던 너

돌고 도는 시침 위에
세월을 낚다가
내 안에 파고드는 순정

내리쏟는 물결인 양
걷잡지 못하는 너
영원한 그룸이다.

# 사진첩

뽀얀 안개 서서히 걷히면
꽃잎같이 피어나는 추억

꿈꾸는 아가의 미소
돌맞이 아장걸음

하늘을 향한 자람이
그토록 큰 소망이었지

산자락 바다 기슭을
끝없이 맴돌던 회억

붉게 타는 가슴으로
노오란 잎을 주워 모으며

어깨에 기대앉아
지난날을 되돌아보는

얇아가는 숨결이
새록새록 여울져 가는

그저 아름다움이었지
숨어 있던 그날이 그립다

# 아내의 숨결

깍지를 끼고
반세기를 걸어 왔습니다
앞만 바라보고

양지 찾아
사랑의 씨를 뿌려 왔습니다
거친 황토밭에

녹음이 짙어지면
파도치는 젊음을 태웠습니다
그 푸르른 날에

단풍 곱게 일렁이면
서산 노을을 즐겼습니다
노란 잎을 모으며

백야에 잠길 제
평화의 꿈을 꾸었습니다
하얀 나래를 펴고

작은 시냇물에
여울져 오는 노래를 듣습니다

산을 담고 싶은 정열
추억의 날개를 펴 봅니다
기억이 사라질 때까지

황혼이 깃들면
까실한 손을 잡습니다
침상에 누워

고요한 밤
외로움을 달래 봅니다
당신의 숨결 소리에

# 우정友情

애련한 그리움이
사무쳐 올 때
버려진 영혼이라도
안아보고 싶은 우정이다

뿌리 깊은 미련 남아
멀어져 간 넋이라도
밧줄로 휘어감아
가슴에 묻고 싶은 우정이다

어두운 밤하늘에
한 줄기 별빛 타고
눈물 젖은 이슬 되어
고즈넉이 적셔 오는 우정이다

# 이별離別

매양 그렇게 연습을 한다
숱한 날들이 바뀌어 가고
서로를 잊어간다, 아주
마음도 눈도 멀어져 간다

한낱 넋두리가 운명이라
땡볕에 숨을 몰아쉬고
허덕이는 방황
절름거리는 소경이
태양을 그리워한다

아쉬웁고 그리움에
햇살 내려앉는 땅
정녕 그곳이 나의
오랜 비석이 되리라

# 일기 한 장

낙서 인생
별빛 하나에
추억이 숨어
흘러간 세월
한아름 움켜본다

연연한 그리움
애타는 사랑에
흠뻑 젖어든다

흔적 하나에
옛날이 피어나
점선으로 살아나는
꿈길에 잠겨 있다.

숨결 하나에
사랑의 삶이었고
고독이 외로 자라
사무치는 고성도
이제는 고요히
백지에 누워, 몰래
고인돌을 찾는다

# 자개장롱

하늘가 구름은 한가로이 맴돌고
긴 다리 건너 노송은 낙락장송
산노루귀 쫑긋, 학의 깃치는 소리
오랜 세월이 정지되어 있다

조개붙이에 얽힌 전설의 무늬
모란 꽃잎은 훨훨
원앙새 등에서 어른거리는
피리 소리는 끝없고

그 옛날 신선들의 도포자락 서늘하면
선비의 꿈은 알알이 익고
강나루 건너 물방아 돌아
한 편이 詩를 읊어예는 물길이어라

향 깊은 오동나무 장롱
홀어머니의 정 아롱아롱
공작새 나래 위에
끝없이 감돌고 있는
어머니의 손길

# 조롱박

때 묻은 조롱박
꿰어맨 조각마다
할매 정이 서려 있다

초가지붕 함박꽃 열매
하얀 속 후벼내면
겉 집 남아 조롱박

조상의 얼이 스며나고
아이들 꿈이 감돌아
온화한 정으로 안겨온다

세월이 다한다 해도
얼룩무늬 조롱박
손자들의 재롱이다

# 초겨울

노오란 은행잎이
하얀 겨울 안고
차분히 내려앉는다

소복소복 쌓이는
겨울 잎이
바스락 사그락
들려주는 속삭임

한여름 푸르름이
곱게 쌓이는 햇살에
단풍으로 물들어
창 넘어 온다

흰 눈이 내리면
속 깊이 파고드는 그리움
화롯불에 달구어진 연정

# 지게

단 한 번도
괴로워하거나
슬퍼하지 않았다

숙명이란 혼을 쏟아
땀방울 밟아가며
앞만을 바라보았다

부러진 목발에
상흔이 남아도
신음하지 않았다

손톱이 닳아도
간장이 졸아도
아픔을 잊었던

뼈 갈아 흘린 피
등발에 새겨진
아버지 정이었다

낡은 나목에
목을 조여가던 날이

가슴에 어린다

때 묻은 그 지게
내 등에 돌아와
오늘도 업혀 있다

# 함박눈

천사의 나래
겨울을 물고
하얀 나비 되어
조용조용 내려온다

검은 대지
뽀얗게 감싸
고운 꿈으로
잠재우고

소복소복 쌓인
사랑의 메아리
따뜻한 밀어로
살포시 피어난다

언젠가는
어둠을 헤치고
햇살 같은 빛이
내게 안겨 오겠지

함박눈처럼

## 흔적痕跡

도사려 숨어 있던 상처
한 점으로 모아지는 자리
언제나 그곳에 남아 있다

먼 옛날의 그리움이
새록새록 살아 나와
여울진 추억으로 남아 있다

가파른 세월 흘러가도
잊히지 않는 그날들
깊은 흔적으로 남아 있다

# 밀물

밀물이 찾아오면

맑은 날의 꿈을
정다운 이야기를
고이 접어 띄우리라

남모르게 흐르던 눈물
슬픔도 웃음에 녹여
밀려오는 포말에 띄우리라

아름다운 인연도
갈매기 하얀 나래에 엮어
푸른 바다에 띄우리라

고왔던 추억이
회오리쳐 와도
그저 말없이 띄우리라

밀물이 찾아오면

# 사랑의 미로

빨간 유서를 불살라 버리자
온 나날을 장사지내는 가슴에

비틀거리는 발자국이
악의 꽃처럼 흩어져 간다

선열이 피어오른 사랑은
낙엽이 된 설움에 겨웠어라

눈물 같은 소나기는
골수에 적셔오는 옛이야기

꽃 한 송이 피워낼 줄 모르는
무덤을 찾아드는 여심이여

파도는 비극과 함께
주정뱅이가 되어 어둠을 파고드는구나

정녕 사랑은 붉게 타버리다가
재도 없이 사라져야 하는가 보다.

# 그대 목소리

산울림 되어 안겨오는
그대의 마알간 목소리

그립단 말보다 더 짙은
그대의 정다움

연연한 그리움이
푸른 바람에 실려

귓가에 스며오는
임의 고운 숨결

소롯이 가슴에 담아
영원토록 간직하리

# 철없는 사람

텅 비어 있는 속
속상할 게 없단다

망구望九 노인의 넋두리

허위적거리다가
세월의 강물 따라
머언 바다를 그린다

비바람 몰아쳐 와도
속가슴 빨개져도
숨결 거칠어도
마지막 맥박이 떨려도
원망 모르는 삶이었다

씨줄도 날줄 찾아
비단길 엮어 가는 날
신의 명령대로
여울져 가는 꿈이다

3부

# 그리움은 바다에

# 파아란 5월

라일락 향기보다 짙은
계절의 환호성
초록빛 물 내음이
가슴에서 일렁인다

쉬임 없이 수런거리는
숲 새소리
들 건너 청보리밭에
피리 불며 날아가는
파랑새 노래이련

파랑 파랑 파아란
물결치는 파도
어디메서 밀려오나
심장 뛰는 고동 소리

속절없이 흘러간 세월
날마다 새로 피는
싱그러운 꿈을 달고 싶다
찬란한 초록 잎새에

# 바다의 숨결

가슴이 뜨거워져 온다
빨간 장미의 추억 속에

파란 사랑의 물결 위에
흰 갈매기 나래 펴 울고

굳어진 소라의 꿈들이
밀물에 헝클어져 간다

어워이 어워이
뱃노래 파도치는

푸른 언덕 위에
한 그루의 노송인 양

황금빛 노을 속
고요로운 호흡이어라

# 보름달

하아얀 달빛
푸른 하늘 한껏 마시면
저렇게 맑아지나 보다

세사를 다 씻으면
고운 달이 가슴에 와
환한 등불이 되나 보다

계수나무 쪼아 먹던
사나운 토끼들이
우주를 팔아먹나 보다

달맞이 가던 장대가
여린 동심을 울려
이 밤도 한없이 서성인다

얘들아! 달 따러 가자

# 비 내리는 거리

낡은 우산으로 빗물 가르며
나이만큼이나 무거워진
발길을 옮겨 놓는다

젖어오는 발길이 하는 말
저만큼 다가오는 운명 앞에서
지난날을 헤아려 보잔다

안개구름 빗방울이
온 누리에 적셔 올 때면
마지막 염원으로 묻혀간다

운명을 재촉하는 비 내리는 거리
우산 속으로 밀려오는 옛이야기가
빈 공간에서 머물다 사라져간다

# 그리움은 바다에

하늘 담아
푸른 바다
해원의 노스텔지어
그리움은 바다에 있다

갈매기 나래에
하얗게 맺은 사랑
심장 뛰는 고동 소리
펄펄 뛰는 맥박도
그 바다에 숨어 있다

밀물처럼 왔다가
썰물에 떠나간 사랑
포말에 싸여 온 그리움

잔잔한 바다에 새긴
비단결 같은 추억
파도에 밀려와
모래알에 적신다

파아란 파도 소리
회억으로 살아나면

그리움이 안겨온다

즈문 해가 저물어도
잊지 못하는 그리움
그 바다에 잠겨 있다

# 나뭇잎

이름 없는 잎새
데구르르 굴러
어디론지 사라져간다

한 잎 두 잎
손길로 어루어
일기장에 잠재우고
회억에 잠긴다

언젠가는 모두가
낙엽이 되어
사라져가는 삶을
못내 아쉬움에 잠겨
추억의 창을 열어 본다

여린 꽃잎으로 피어나던
지난날이 향기로워
붉게 타는 미련
저만큼 고운 넋으로
밀물인 양 안겨 온다

# 낙조落照

황혼빛 짙어
붉게 타는 달덩이
수평선에 잠긴다

종일토록 지쳐온 고동
아늑히 쉬려고
고요함 그리워
빠알간 요를 덮고
하루를 접는다

스쳐간 사랑도
백야의 외로움도
온갖 시련
다, 잊어버리자

넘치는 욕망
사무치는 그리움
애욕의 상흔조차
모두 잠재우려
황혼 길을 넘어간다

# 파도처럼

파란 생명이
솟구치는 요동
푸른 넋이 되어
꿈꾸는 아우성이다

아침 햇살에
가슴을 여는 함성
억센 파도로
어둠을 삼켜버린다

휘파람 어워이
바다의 외침
새날의 돛을 달자
파도처럼

# 풀무지 운명

잡초 위를 날다 지친 날개
고이 접어 무덤도 없이

나는 사라져간다고
꿈이래야 그저 운명처럼
새끼 알 뿌려놓고 갈 뿐

풀섶 헤매던 가녀린 몸짓
기껏 얇은 날개 휘저어

높기만 하던 푸른 하늘
그리움으로 한이 남아
허공으로 흩어져 간다

한 번도 단 한 번도
두려움 없이 살아온 너

누구도 원망하지 않고
어둠에서 절망도 없었던
너의 운명이 부럽구나.

# 단풍잎

비단길에 새긴
꽃잎보다 고운 잎새
노란 가슴에
파란 전설 담아
붉은 정열 태우나 보다

빛바랜 화가의 붓끝
예서 새로 피는 꿈길
함뿍 마셔 토하는
하늘의 숨소리다

모진 삭풍 몰려올 때
곱다운 이부자리 펴고
도란도란 옛이야기
사무치는 꽃향이다

황혼빛 노을 번지면
별빛 따라 고요히
소곤대는 사랑의 미로
영혼의 불나비다

# 가을이 내려오는 소리

연노란 잎새 위로
사륵사륵 가을이 내려온다

내내 푸르던 이야기
곱게 다듬고 싸매며

영글어 가는 가을
붉게 태우며

빨갛게 물들어 가는
사과 위에 머물러 있다

그 알찬 가을의 노래가

# 낙엽이 걸어왔다

초록 노랑 빨강
내 발길에 얹혀 와
맑은 어항에서 유영한다
철 잃은 영혼들의 부메랑
하소연도 아랑곳없다
어느 날인가 사라져간
잎새들의 고향을 그리다
이제는 작은 호수에 잠들어
가물가물 여운을 즐기고 있다
언젠가는 깊이 내려앉는
숙명의 나래라서인지
원망도 한 점 없다
알 것 같다, 안다
한껏 걸어온 길을
불타오던 운명이
재가 되어 고요한
노래를 잠재우는
그날을 꿈꾸고 있다.

# 낙엽 지는 소리(3)

노오란 은행잎 카펫 위로
성큼성큼 걸어오는 하얀 얼굴
연자매 돌리던 계절인가

가슴 애는 통곡 소리
어둔 밤을 찾아들며
마지막 몸부림쳐 운다

시린 바람 거칠어
삶을 재촉하는 듯
애련한 심장이다

연둣빛 추억
마냥 고왔던 날들이
황혼에 타버리는가

잔잔한 호수에 드리운
뽀오얀 안개 속에서
맑은 전설을 낚아 보리라

## 첫눈 내리는 밤

새벽 종소리 그리워
함박눈 사푼사푼
고향 길 덮는다

뽀얀 꽃망울
솔숲에 내려앉는
고요한 함성
하늘하늘
하늘을 덮는다

검은 밤 한껏 마시고
마알간 아침을 여는
하얀 치맛자락
여명을 안고
밝아오는 깃발이다

# 겨울 바다

제 홀로 울다
파도치는 치맛자락
비단 폭에 적셔오는
바다의 넋두리

가마우지 줄줄이
떼 지어 오건만
해원의 고독은
돛단배 한 척

환한 등댓불은
아직도 머언 나라
한없이 서성이다
돌아가는 나그네

짭조롬한 기억
묻혀 있는 추억이
맑은 미소로
사푼히 안겨온다

# 아침 이슬

밤안개 내려
푸른 진주로
알알이 꿰어진
영혼의 나래
동트면 한결 더 빛나네

별빛 모아 맺힌
새로 핀 은방울
갈잎에 새겨진 꿈
햇볕 따라 하늘로
사라져가네

찬란한 새날
빛나던 소망
숨 쉬던 흔적도
아침 이슬 되었다
남김없이 날아가네

# 하얀 겨울

검은 밤
까만 꿈을 먹고
하얀 날이 밝아
서설이란다

지새운 심장 소리
고동이 쉬지 않고
산다는 의미를
순결로 그려 본다

낙서도 두려운 빛깔
영혼의 탁류를 버리고
맑은 꿈을 새겨
새롬을 피워낸다

티 하나 없는
한밤의 소원
외로움에 목메인 설움도
모두 다 감싸안고
비단결에 아롱진다

# 4부
# 새만금 파도소리

# 立春에 보내는 편지

동토를 녹인
이야기를 전해주오
태고의 전설
캄캄한 무덤을 밝힌
생명의 신비를 알려주오

파란 눈이 트고
빨간 꽃잎이 피어나
노란 꽃술이
향기를 뿜어내는
신비를 알려주오

얼었던 나목에
생명이 솟아나는
뜨거운 호흡이
어디에서 오는지
그, 오묘한
신비를 알려주오

삭풍을 이겨낸
시온의 소망
부드러운 입김이

창공으로 피어나는
신비를 알려주오

삶의 꽃등을
머리에 이고
날아온 바람
이토록 저미는 숨결
매양 신비롭다.

# 나목의 꿈

칼바람이 몰아와도
놀라지 않는 것은
매양 봄이
숨어 있기 때문이다

부릅켜 남겨 놓고
삶을 되새김하는
소망의 환한 빛이
항상 영롱하다

속살 감추고
눈꽃이 서려도
고왔던 그리움이
사무쳐 온다

허물을 벗지 않아도
하늘을 기둥 삼아
훨훨 나는 꿈 나래
말없이 너울댄다

언젠가는
푸른 꽃잎이

서러움 삼키고
뽀소송 깨어나리라

# 노란 리본

빨간 피가
검은 파도에 녹아
노란 잎새 되었네

피맺힌 넋들
얼룩진 가슴
남해 바다에 묻혀
팽목항 설움이
온 누리를 적셨네

까맣게 타버린
어머니 심장
무덤보다 큰 원망
하늘을 울렸네

푸르른 꿈망울
세월호에 잠재우고
저승길에 숨어
고동치던 숨결도
통곡 속에 사무쳤네

하늘도 바다도

검푸른 한이 되어
이승을 그리다
못내 눈물로 젖었네

오호라!
꽃다운 혼이여
노란 꽃잎에
염원을 담아
소망의 나래 되소서

# 五月이 오면

오월은 청보리밭에서
파아란 소리로 날아온다.

푸른 봄이 꽃잎 되어
이파리마다 너풀거린다.

오월은 날새들 깃을 타고
만강으로 찾아든다

맑은 물이 푸름 짙어
오월의 노래로 넘쳐온다

파아란 오월이 오면
하얀 내 안섶도 파래진다.

# 여울목 섶다리

억새풀 섶나무 엮어
온 마음 깊은 정 쏟아
전주천 삼천 위에
섶다리 세워졌다

골마다 서린 정 모아
하나로 이어지는 이웃들
소롯한 인정이 오가는
온고을 섶다리

오랜 날 정다움 넘쳐
자연과 호흡하는 숨결
편안함과 행복이 꽃피는
영원한 섶다리

# 새만금 파도소리

파란 하늘 한껏 담아
쪽빛 바다로
수평선 넘어
해원의 꿈결인 양
황해로 치닫는
생명의 메아리

바다 위 만리장성
큰 뜻 열어
그 머언 나라로
대양을 휘몰아치는
파도소리
펄펄 나는 고동

푸른 넋이
고공을 날아
사무치는 깃발
힘찬 맥박이
가슴을 적셔
어워이 어워이

갈매기 하얀 돛에
아롱지는 소망
전설 아닌 신화로
파도쳐 오는
한 맥의 고함
파랑 파랑 파랑

# 숨비소리

휴……
바다를 훔쳐온 메아리
깜장 인어들의 숨결
파도를 이겨낸
힘찬 해원의 소망

물허벅 망사리
태왁에 빗창 들면
바다가 그리워
물질을 간다

조개호미 질구덕에
줄줄이 매달린
삶을 헤아리는
쉼 없는 몸통이다

이어도 산하
백 년을 훌쩍 넘어
태우를 타던
할망들의 심장이
물적삼에 숨어온다

구구절절 담긴 역사
헤일 수 없는 발자국
기나긴 문명의 흔적이다

# 썰물

고독을 담아
밀물이 잠겨 오면
꼬깃꼬깃 접어둔
그리움이 파도쳐 온다

하얀 우정도
백합꽃인 양
불타던 사랑도
장미꽃인 양
향로에 담아
썰물에 띄우리라

내, 외로움도
내, 서러움도
내, 넋두리도

양양한 바닷가
모래에 새겨
섬돌에 아우성치는
함성에 띄우리라

터엉 빈 가슴에
고독이 밀려오면
썰물에 함뿍 담아
검은 바다에 띄우리라

# 천성문 여는 소리

푸른 잎새 붉게 타 오는 날
알찬 삶을 주워 오다
쭉정이만 가리던 인생
천성문을 열었다

그 염원의 기도 소리
아직도 귓전에 머물러
메아리쳐 온다

억겁 년 구원의 길
다시는 돌아오지 못하는
그리움도 사랑도 외로움도
영원한 무덤에 쌓아놓고
맑은 요단강을 건너
홀로 하늘 문을 열었다

탁류에 배 띄워
숨길 누려오던 넋
미련 없이 띄워라
고왔던 추억도
슬픈 이야기도
단풍잎에 새겨

하늘 높이 날려보자

하얀 구름 위로
학처럼 뽀얀 깃을 털고
드높은 하늘을 날아보자
한 많은 동화를 남긴 채

목메이던 기원
천국에서 이루리라

# 노거수老巨樹

오랜 세월 마시고
우뚝 선 은행나무
검버섯 짙어도
새잎 돋아나는 넋

상처 입은 역사
아픈 뼈 안고
옛날을 지켜온
고고한 영혼

이끼 낀 성터에
초가지붕 도란도란
큰 나무 얽힌 전설
옛이야기 화사한 골

하늘을 향한
기인 날의 염원
고목에 피어나는
낙안의 소망

# 은행잎이 질 때

은행잎이 국향 마시며
이불처럼 쌓일 때
가을이 짙어간다

황금빛 햇살이 온 누리에
화사하게 쏟아질 때
고운 이야기로 숨어든다.

노변에 서성이는 노파들
더딘 발걸음으로
한 잎 두 잎 헤아리는 연륜이다

황혼이 어둠에 묻힐 때
노오란 가을 마음에 담아
영혼의 나래를 펴본다

# 10月의 소곡

지난 가을엔
10月의 소리가
단풍처럼 여울져 왔다

올해도 연붉은 잎이
바람 타고 대굴대굴
발길을 잡는다

빠알간 눈매들이
산사에 번져
가야 할 길을 찾는다

생의 뒤안길에서
삽상한 바람 맞아
깊어가는 가을이다

우리네 삶도
10月에 물들어
붉은 전설로 남는다

# 12월의 소곡

서편 달이 기울 때마다
땅김 올려 안개 피우던 날
검은 밤에 소살대는
조춘의 노래가 있었지

찔래꽃 담장 위로
향기로움 넘쳐
무더위 이겨내던 날
풀매미 목 타는 함성

노란 잎새들 빨간 깃으로
휘영휘영 산비탈 내려와
싱그러운 열매 담뿍
안겨주고 떠났지

별들이 깊은 하늘에서
하얀 연잎 타고
사푼사푼 내려오면
삶의 흔적을 접어
고이고이 안겨두리

# 떠나지 않는 가을

겨울이라 하지 말자
아직은 가을 남아
붉게 타는 도심에
단풍이 피어나고 있다

꽃보다 고운
계절의 함성이
목청이 빨개지도록
멎을 줄 모르고 있다

지칠 줄 모르는
세월의 강은
싸늘 바람일 뿐
떠나지 못하는 가을

가슴속에 숨겨 둔
겨울 이야기, 아직
자물쇠를 열지 말자
이 밤도 단풍잎에 잠긴다

# 겨울 춘장대

해송림 바람 일어
쪽빛 바다 소리
황혼길 더듬어 온
인적 없는 백사장

묻혀버린 발자욱
아련한 추억

무심한 세월의 흔적
햇살 고운 횟집에서
찻잔에 그려 본다

노을에 잠기는 낙조
꿈길에 젖어
별빛 따라 간다

# 천국 전화는 몇 번인가요

천국에는 전화 없나요
구름 위 하늘에는
천국이 있다는데
그 천국에는 하느님이
계신다고 하는데
우주는 살아 도는데
왜? 전화가 없나요

정 깊은 사람들에게
한 서린 말이 많은데
보고 싶은 설움이
한강에 넘치는데
내 그리운 사랑이기에
가슴으로 외치는 소리
그 나라에는 전화 없나요

정만 두고 떠난 사람
사랑조차 가져가야지
숨 막히는 정열도 모두
따뜻한 숨결 아련한데
어인 일로 먼저 갔나요
행여 꿈길에 만나려나

그 나라에는 전화 없나요

텔레파시가 있다는데
저무는 황혼길에
노을빛 그리며 하는 말
당신이 보고파요
너무너무 보고파요
내 심장에 흐느끼는 소리
천국에서는 들리나요

천국에는 전화 없나요
하늘 향한 넋두리
영영 사라지지 않고
떠돈다고 하는데
이토록 뼈저린 그리움에
섧게 우는 종소리
그 나라에서는 들리나요

노파의 눈자위로
기다리다 지친 눈물
오늘도 그리다
부르는 사랑의 메아리

그 영원한 피안에
나도 가고파요
어딘지 전화만 주세요

천국에는 전화 없나요
114로 알려 주세요
천국 전화는 몇 번인가요.

# 해가 저물 때

황혼이 노을을 삼키면
사색의 향연에 잠긴다
해와 달이 별을 찾아
고요한 날을 새김하며
산 너머 어두운 밤을 잊는다

살아 있다는 위대함도
빛 고왔던 추억도
황홀했던 젊음도
만가의 설움을
노닥거리며 걸어야 하는
그 길
마냥 푸르렀던 언덕을
쉬엄쉬엄 몰아오는 바람결에
낙엽처럼
숙명이란 품에 안긴다

늘상 여린 날개로
벽공을 헤엄치던 날들을
숨 고르며 접어야 하는
향기롭던 꽃잎이
이내 하얀 햇빛을 마신다

# 5부

# 은빛 모래비치

# 고요한 아침 바다

아직도 섬들이
호수보다 깊은 잠에
잠겨 있다

해조의 고운 노래
간직하고 싶어
숨소리도 고요를 샘한다

올레길이 없어도
태고의 전설이
숨어 있다

한려수도 감돌아
남해에 머물다
섬들에 싸였다

간밤에 어린 꿈
호수에 잠긴 양
고요를 토해낸다

# 달과 여인

초록 내음 잠겨든 대숲에
별을 꿈꾸는 달빛 엮어
천성을 그려 온 선녀

하늘을 향한 날빛
우주를 맴도는 소망이
저리도 고운 나비인가

맑은 것에 염원을 담은
찬란한 영혼의 나래가
화알짝 피어나

푸르른 세월
영원한 강물 되어
길이길이 빛나리

* 금구원야외조각미술관

# 만리포 해수욕장

서해 끝자락
푸른 바다
가슴을 열고
파도치는 모래밭에
만리포 사랑
밀물에 담아 띄웠지

오랜 염원
사무친 그리움
애타던 사랑도
쓸어간 타르에
멀리멀리 보내야 했지

까맣게 물든 추억
흔적 없어진 날
모래알 같은 인정만
돌벽에 새겨
푸른 포말에
가득 싸여 온다

조가비 잠자는
모래밭에

발자국 남기고
안개 속에 잠긴 등대
꿈꾸는 바다로
소망을 담아 보낸다

# 영남루嶺南樓

낙동강 허리 둘러
밀양강에 이르니
반겨주는 영남루

선인들의 숨결이
곳곳에 스며들어
옛정을 그린다

세월이 쌓이고 겹쳐도
신라 고려의 혼백
오늘도 되살아
응천에 흐른다

가성여화 용금루
선궁들의 현판
천진궁 아랑사에
아! 아! 신라의 달밤

태사의 얼이
오랜 편액에 남아
삼은이 서로 모아
청수처럼 흐르는
충혼을 노래하고 있다

# 옥천골 향수

– 정지용문학관

내이 맑아 옥천이라
산수 어우러져
인심도 좋을세라

실개천 감도는 물에
지용의 향수
어찌 잊히랴

전설보다 짙은 정
스미는 날에
오롯이 잠겨오는 그리움

지게목발 받쳐
고향을 메고
흐르는 물소리

밤하늘 별 숲에
옛 임들 도란거림
꿈엔들 잊히랴

# 은빛 모래비치

은빛 모래 쓸어오는
섬들의 속삭임
잔잔한 파도엔
파아란 바다 소리

바람도 흔적 없이
스쳐가는 계절
고운 발자국
모래무덤에 남기고
숨죽인 채 돌아간다

여름 여읜 바다
화사한 낭만을 그리다
이토록 외로움 삼키고
먼 데 푸른 파도가
고요히 밀려오면
은빛 파문에 미소만 담아
어워이 날려 보낸다

그리움과 사랑도
이제는 한갓 연민
멀어져 가는 썰물에

한 많은 시름 안겨
멀리멀리 띄우리라

은빛 조가비에
황금빛 노을 담아
실실이 풀어헤친
숱한 전설을
엮어 보내리라

# 죽녹원竹綠苑

댓잎이 사각댄다

푸른 잎새
하얀 마음
하늘만 그리는 소망

우정과 사랑이
숨 쉬는 오솔길에
추억이 서려온다

죽녹차 향기
예향정에 넘쳐오니
일지매의 넋이
춘향정에 안겨든다

터엉 빈 대통에
선비들 글 담아
옛 성인의 꿈을
죽림에 펴본다

# 파도소리길

갈매기 나래 적셔
바닷가 주상절리
파도소리길 엮어
오솔길 더듬어 간다

억만년 숨겨 둔
해동의 꽃이 활짝
부챗살로 사운댄다

분노하던 용암도
치솟다 비스듬히 누워
평화를 꿈꾸던 요람

하얀 파도가
서라벌 햇살 가르며
옛사람의 혼을 기린다

제주에 올레길
지리산에 둘레길
동해에 파도소리길
백두, 한라, 한강,
온 천지 금강산이다

# 포록산에 올라

바다 내음
파도 소리
포록산 물들여
산울림 피어난다

일고여덟 섬들이
정을 나누다
포로록 나는 갈매기
푸른 바다에
외로움 남겼다

하얀 나래에
새겨진 추억
푸른 산빛처럼
항상 푸르기를
산정 소망으로
남기고 간다

# 해변의 밤

검은 비단결
도르르 말려 왔다
살며시 밀려 간다

바다의 고요
포말에 휩싸인 채
끝없는 정한으로
어둠에 잠긴다

되몰아쳐 오는
바다의 숨결
발밑에 스며오다
살며시 흩어져 간다

한 많은 사연들
검은 밤으로 감싸
고이 묻어 버린다.

## 베니스

바다가 좋아
뭍으로 살아온 도시
태고보다 깊은 날에
섬마을로 피어났네

천년 세월에 오백 년
파도에 새긴 글발
현대보다 밝은 지혜
수로마다 여울진다

곤도라에 얽힌 뜻
먼 옛날이 그리워
한 가슴에 남은
고고한 넋이
강물에 예 없이 흐른다

섬 다리 몇이련가
끝없이 넘고 넘어
상인들의 등골 베어
비췻빛 고운 물에
천년 섬 이루었다

수상버스 물길 따라
괴테와 헤밍웨이
카사노바 뿌린 낭만
갈매기 나래 위에
푸른 하늘만 그린다

# 융프라우 만년설

태고의 봄바람이
하얀 눈발 옮겨
억만년의 소망
유럽의 지붕이다

꿈꾸는 사람과
꿈을 파는 이방인이
춤추는 설원이다

세월만큼 쌓인
하얀 문명의 꽃이
가슴을 설레게 한다

해와 달이 바뀌어도
융프라우는 언제나
눈꽃으로 향기롭다

# 파도 없는 바다

세차게 푸른 바람도
운무를 몰아와
섬들을 감싸고 돈다

뿌연 안개 속에 묻힌
신비로운 자연의 숨결
갈매기도 사라져간
바다 이야기를 듣는다

짭조롬한 내음 그리며
조가비에 추억을 담아
골목길 더듬더듬
깊은 동굴 찾아
솟구친 고추에 미소 날리며
거북이 등에 지혜를 빈다

쏘이섬 백사장에
불타는 와인을 적시며
러브샵을 나누어 본다

천만년의 소망
잔잔한 파문 일어
푸놈팬 바다에 잠이 든다

# 파리로 가는 길

파아란 벌판 가르며
대평원을 지난다

우리 들녘도
저리 푸르렀는데
이다지도 짙어 있는가

화사함보다 더한
태초의 아름다움이다

꽃잎과 나뭇잎 사이
바다 같은 숲이
싱그러운 새소리에
푸르러 간다

꿈꾸는 숲 속
갈색 지붕 위로
꽃망울 피어난다

양 떼와 젖소
야생마가 한가롭다

지평선 초원이
평화의 요람이라

에메랄드 빛
하늘이 내려와
파리로 가는 길이다

# 하얀 절벽

– 세븐 시스터스

하얀 파도가 그리워
일곱 빛 언덕 위에
부서진 이름이여

템즈강 흘러내려
섬마을 에워싼
바다를 그리다
하늘벽 이루니
하얀 절벽이라

푸르다 못해 하얀 물결
초원에 드리운 병풍
바다에 여울진 벽화려니

갈매기 나래에
하아얀 돛을 달아
수평선 넘어
해원의 꿈을 담아온
황홀한 무지개여라

# 로마의 아침

햇살 부르는 새소리
반가운 고향의 노래
어두움을 실컷 마신
아침이 밝아오면
날마다 새로운 로마

해맑은 그 노래가
청아한 빛으로
환하게 가슴을 열면
새날에 일렁이는
찬란한 로마의 아침

언제부터인가
사무친 그리움이
이역 땅에서도
끊일 줄 모르고
안개마냥 피어오른다

# 폼페이는 아직도 살아

말이 없는 역사
분노에 찬 화산
용암에 묻혀
영겁의 날 잠자고 있었다

농부의 발길에
숨길 터져
폼페이는 아직도
살아 숨 쉬고 있다

고대의 성곽
화려한 문명이
현대를 사는
폼페이는 아직도
살아 숨 쉬고 있다

신이 저주하던
창녀들의 유혹
가슴 설레는 정열을
불태워 버린 소돔성
아직도 살아 숨 쉬고 있다

2500년의 역사
새롬보다 고고함이
제우스의 시샘 겨운
폼페이는 아직도
살아 숨 쉬고 있다

# 6부

# 천사 나팔꽃

# 蘭

고고한 넋이
외로움을 이겨
함초롬이 솟아난 혼이다

몸맵시 가다듬고
세월을 낚아
올곧게 자라온 선비다

그윽한 향기 봄볕에 녹아
창문을 두드리면
삶의 의미를 깨닫는다

# 수선화(3)

파란 잎 녹여
노오란 봄을 안고
하얀 미소를 짓는다

지난날 그리움에
가는 몸으로 지피운
추억의 천사인 양
향기 짙어

호숫가에 맴도는
외로운 전설이
송이송이 소곤댄다

꿈을 마시고 사는
한 떨기 꽃망울
제철 모르고 찾아와
안방에서 방실댄다

# 아기 철쭉

온갖 산호 모아
붉게 타는 세상

불꽃놀이

높은 산골에
노닐던 춤사위
안섶으로 파고든다

꽃나비 사분사분
미소보다 고운
사랑의 메아리

정열을 태우는
영혼의 노래가
고요히 안겨온다

# 군자란

향수에 젖어 불타는 정념
송이마다 나팔 되어
그리움을 노래한다

푸른 바다를 적셔온
남국의 꿈을 담아
빨갛게 달궈온 영혼

하 많은 별을 헤아리다
못다 한 향수를
꽃술에 품어

고이 날아온
빠알간 하늘처럼
벙글거린다

# 장미 한 송이

햇볕 마시고
불꽃으로 반겨온다

외로움 짙어
선혈로 홀로 핀
넋이련가

차디찬 이슬이
알알이 스민
고운 전설이다

저리도 붉은
한 떨기 꽃잎
터지는 그리움

가슴팍에 숨었던
새빨간 사랑
외로움 쌓일 때

새벽하늘
별빛 가물거리면
맑은 아침

고운 미소로 반긴다

장미꽃 한 송이
외롭지 않다

# 이팝나무(2)

하얀 구름 일어
푸른 하늘 우러러
풍요한 나래를 폈다

뭇 새들 날아들어
꽃잎을 쪼아 먹고
허기를 달랜다

억만년 서려온
잡상들의 회한
욕망의 노예를
말끔히 씻어버린다

터엉 빈 가슴에
행복을 안겨 오는
해맑은 전설이다

# 능소화

하늘 우러러
가죽나무 부여안고
치솟는 소원 매달아
목메는 여인의 가슴

쏟아지는 태양을
함뿍 담아
황금빛으로 녹여내는
환한 미소

애타는 사랑의 노래
한없이 불러보는
여인의 숨결
향기가 넘친다

# 들꽃들의 이야기

끝없는 해원의 깃발
빨강 노랑 파란 들
햇볕 익은 바람에
마냥 잔잔한 바다

꿈꾸던 태초의 말씀
헤아림이 없어도
침묵으로 안겨
조용히 속삭여준다

돌아온 계절의 연가
벌 나비 나래 펴 오는
싱그러운 자연의 소리
들녘 깨우는 서곡이다

모질던 산바람도
별빛에 잠들 때
다시금 도사려보는
들꽃들의 사랑

한 많은 들꽃 이야기
전설로 묻혀 가지만

하얗게 쌓인 눈밭에
숨어 사는 숨결이다

외로운 야생초
물망초 애린 설움에
눈물을 감싸안고
철따라 피어난다

애련한 그리움이
들꽃으로 살아
고운 무지개
소녀의 꿈이 된다

# 천사 나팔꽃

저 높은 하늘에서
기인 나팔 불며
천사 나래 펴 왔다

환한 햇빛 머금고
맑은 달빛 맞아
뿜어내는 향기

뉘 알세라
고요한 속삭임
하늘나라 이야기

별빛 타고 내려와
꽃 향 뿌려놓고
화알짝 웃는다

묻혀버린 추억
창문을 열어
옛날을 되새겨준다

젊음이 불타고
사랑도 피어나던

그리움이 살아온다

산 노을에
황혼이 오면
또다시 향기롭다

# 안개꽃(2)

자욱한 구름
땅 내음 그리워
쏟아내린 이슬
안개꽃이 곱다

신비로운 자연의
소살거림 안겨
태고의 역사를 듣는다

하얀 깃털
풀잎마다 서려
저리 고운 비단결로
감싸 오나 보다

티 하나 없는 순정
못내 그리움 되어
말 못하는 가슴으로
고요히 잠겨든다

# 해당화海棠花

파도에 실려 온
임의 목소리
꽃눈으로 그리고파
화알짝 피어났다

명사십리
모래밭에 새긴
사랑, 피고 지고
세월 쌓이고
그리움 쌓이고
원망 쌓이고

아침 이슬 머금어
아낙네 치마폭에
눈물로 적신
기다리다 지친 사랑
모닥불로 타오른다

# 사랑초

새빨간 사랑이 녹아
가녀린 잎새로 피어난
소녀의 꿈 나래

새근대는 갓난아이
고운 숨결 타고
연비단 미소를 짓는다

향긋한 바람에
나비인 양 안겨오는
티 없는 사랑이다

아무도 말하지 않고
우리만의 꿈망울
마음껏 피워 보자.

# 해바라기

검은 밤을
별빛에 묻어버리고
빠알간 가슴을
햇빛에 열었다

화사한 입술
오! 나의 태양이여
불타는 사랑이여
찬란한 나팔소리

하늘을 향한 꿈
노란 꽃잎에
아롱진 미소가
화알짝 피어난다

온 누리의 소망
동트는 아침에
해님 반기는
해원의 깃발이다

## 러브하와이flumeria

뽀오얀 바람개비
고향 떠나온 지 몇 해련가
파란 잎새
하늘을 치솟아
애틋한 그리움이다

향긋한 미소
흩날릴 때
향수에 젖어
뚝 뚝 떨어진다

해살 고와지면
너울대는 삶이
푸른 날을 찾아
짙어가는 향기다

이방인의 고독
슬픔도 잊은
바람개비 소망
축복받은 사랑이다

# 가을꽃

단풍이라는 이름
떨켜 매달아
낙엽이 되는
억겁의 신화

세사의 고운 빛
하얀껏 마셔
천성을 그리고 싶어
저리도 찬연한가

초록 잎에 새긴
사랑의 메아리가
찌인한 계절로
사무쳐 오는 그리움

흙살 품어
향기로운 꽃밭에
영혼의 나래를
고이 접어 본다

# 억새풀은 아직도

겨우내 찬바람에도
손수건 흔들어
인사를 나눈다

새싹 돋아나
푸른 잎 미소 일 때
숨어 산다는 고해다

빛바랜 옷깃에
눈보라 에워싸도
설움을 모른다

봄이 온다는 기별
청초롱 갈아입고
오는 임 맞을세라

# 꽃무릇 연정

애틋한 그리움 치솟아
불꽃 튀는 사랑으로
땅 깊이 뿌리 맺고 하늘 향해
붉은 정열 태우나 보다

나뭇잎새 풀벌레 소리
초록빛 이슬 먹어 치켜온 넋
기다림에 지쳐 사라져갈 때
못내 아쉬움으로 찾아온 연정

활활 타는 가슴 열어
산자락 화사하게 덮여 와도
한 줄기 꽃무릇
외로움으로 남는다.

| 발문 |

# 노익장 서상옥 시인의 꿈

– 詩選集 출간을 축하하며

三溪 金 鶴

서상옥 시인은 늘 꿈을 꾼다. 젊어서부터 그랬던 것 같다. 팔순이 된 지금도 꿈을 꾸며 산다. 사람은 늙어도 꿈은 늙지 않는 모양이다. 노 시인 서상옥의 꿈은 언제나 풋풋하다. 노익장 서상옥 시인에게 나이는 숫자에 지나지 않는다.

평생직장이던 교단에서 물러난 뒤 문학에 대한 열정은 더 치열해졌다. 시문학 공부나 수필문학 공부도 더 열정적이다. 한두 군데로서는 만족하지 않는다. 매주 서너 군데 공부방을 찾아다니며 공부를 한다. 발품을 팔면 팔수록 작품의 수준은 높아진다. 보통 사람들은 흉내조차 내기 어려운 일이다. 그래서 그런지 해마다 문집을 낸다. 시집과 수필집을 해마다 번갈아가며 출간한다.

서상옥 시인은 2009년 월간 『한국시』, 2010년 『백두산문학』에서 시로, 계간 『대한문학』에서는 수필로 등단했다. 70대에 등단한 것이니 대단한 늦깎이 문인인 셈이다. 그런데도 가버린 세월을 만회하려는 듯 열심히 작품을 빚고, 부지런히 책을 출간한다.

전북 김제 출신인 서상옥 시인은 원광대학교 법대를 졸업하고 중등학교 교단에서 근무할 때는 아이들을 가르치는 데 매진하느라 한눈팔 겨를이 없었다. 교단에서 정년퇴직을 한 뒤 문학에 매진하여 성가成家를 하게 된 것이다.

서상옥 시인은 등단 연륜이 짧은데도 불구하고 벌써 시집 4권과 수필집 3권을 선보이고 있다. 그가 출간한 시집으로는 『꽃무릇 연정』, 『빈지문에 서성이다』, 『파도소리길』 등 4권을, 『사랑과 그리움이 메아리쳐 올 때』, 『그림보다 의미 있는 이야기』, 『옛날은 가고 없어도』 등 3권의 수필집을 출간한 바 있다. 해마다 한 권씩 문집을 낸 것이다. 서상옥 시인은 나이가 들었다고 이 핑계 저 핑계를 대며 게으름을 피우지 않는다. 아니, 그럴 줄을 모른다.

드디어 2014년 갑오년 11월 29일에는 대구에서 발행하는 월간 『한비문학』사가 서상옥에게 『옛날은 가고 없어도』란 수필집으로 제4회 대한민국 문학예술 수필 부문 대상을 수상하기도 했다. 이 정도를 성취했으면 이제 평안히 시와 수필을 쓰면서 낙락하게 여생을 즐기면 좋으련만 서상옥 시인은 여기서 멈추지 않고 또 새로운 꿈을 꾸고 있다. 팔순 기념으로 '詩選集'을 꾸미려는 꿈을 꾸고 있다. 그 꿈이 이루어진 뒤에는 또 '수필선집'을 낼 것이다. 도무지 쉬면서 인생을 즐기려는 기색이 엿보이지 않는다. 사람은 나중에 '좀 더 참을 걸', '좀 더 베풀 걸', '좀 더 즐길 걸' 하고 후회를 한다는데 서상옥 시인도 역시 그런 후회를 하지나 않을지 모르겠다.

"올해에도 쉬지 않고 다섯 번째 자화상으로 시선집詩選集을 내려고 한다. 죽는 날까지 희망의 글밭에서 시와 수필을 가꾸면서 마지막 생의 보람을 찾고자 한다. 열정을 가지고 산다면 일생의 빛을 얻으리라! 이 순간, 만약 저승사자가 나를 찾아온다면 큰소리로 '내 나이 잊었노라.' 할 것이다."

서상옥 시인은 여든 고개에 올라서 쓴 「내 나이 여든 살」이라는 수필에서 이렇게 꿈의 한 자락을 펼쳐 보여주고 있다. 서상옥 시인처럼 늘 꿈을 꾸며 사는 분들은 눈앞의 꿈뿐만 아니라 미리미리 꿈 너머 꿈까지 준비하고 있다. 꿈이 이루어진 뒤에 다시 다음의 꿈을 찾는 게 아니다. 날마다 달걀을 낳는 암탉의 뱃속에는 줄줄이 작은 달걀들이 달려 있듯 서상옥 시인의 꿈도 그렇게 이어져 있는 것 같다.

서상옥 시인은 인간 100세 시대를 희망차게 살아가는 문인 중의 한 분이다. 후배들이 타산지석他山之石으로 여겨 본

받아야 할 일이려니 싶다.

서상옥 시인은 붙임성이 좋은 분이다. 후배들에게도 먼저 다가가서 마음의 빗장을 열어 보이는 분이다. 화를 내거나 웃어도 주어진 시간은 똑같은 하루라고 생각하는 분이다. 그래서 그런지 매사가 긍정적이다. 서상옥 시인은 불평 대신에 감사를, 부정 대신에 긍정을, 절망 대신에 희망을 갖고 살아가는 분이다. 서상옥 시인은 노래를 즐겨 부르며 사는 분이다. 「베사메무쵸」는 그의 애창곡이다. 노래를 좋아하는 사람은 누구나 호인好人이다. 서상옥 시인 역시 적이 없는 분이다.

이 세상에는 문인이 많다. 하지만 문인이라고 하여 다 시선집이나 수필선집을 출간하는 이들은 그리 많지 않다. 그런데 서상옥 시인은 올해 팔순 기념으로 이 시선집을 출간하게 된 것이다. 이 시선집이 독자들의 사랑을 흠뻑 받았으면 좋겠다. 그리고 팔순의 고개를 넘으신 서상옥 시인의 건강과 건필이 꾸준히 이어지기를 빌어 마지 않는다.

| 발문 |

# 정중한 인간주의를 표상하며 서정성으로 구조된 시

## – 서상옥 시인의 시, 그 한국 고유의 정조를 탐조하여

소재호(시인 · 문학평론가)

湖心 서상옥 시인은 참으로 호탕스럽고 우람하다고 느껴진다. 그의 음성이 깊고 깊어서 계곡을 차고 나오는 강물처럼 메아리를 동반하여 웅성 깊고 떨림이 있는 톤이다. 그런 목소리로 후학들에게 언제나 훈도하는 선생님으로서 제2세 교육에 한 생애를 바쳤다.

서 시인은 세상을 향하여 늘 포효했다. 말씀마다 정의와 윤리도덕을 강조했다. 스스로 당당함을 갖추어서 처신이 항상 의연했다. 또한 냉철한 이성과 합리주의를 표방하는 그의 언행들은 너무나도 자연스러워 한평생 살아온 습속과 일상에서 번져 나오는 농익은 인간성으로 표출된다. 그로 말미암아 이 어려운 시대를 정제하고 순화시켜 나가는 선각자의 기품이 서린다. 그야말로 정론을 펴면서도 사색적으로 풍부한 인간정리를 가꾸는 시인으로 칭송해야 마땅할 것이다.

서상옥 시인은 당연히 서정시인이다. 그의 시가 자못 교훈적으로 훈도하는 면이나, 시대정신을 표방하는 면이나 또는 바른 역사관으로 관통하고 있는 면 등으로 내면을 알뜰하게 구축하고 있으면서도 끝내 그의 시는 이에 융합하며 도도한 서정성의 물굽이를 탄다. 물 흐르듯 자연스레 아름다운 정서의 정조로 흐름을 이어간다. 선지향善至向의 동인을 유발시키면서 그의 물굽이는 광역의 대하에 다다른다.

문학이 철학적이나 인문학적 담론을 넘어서는 특별한 기능과 역할로 사람들에게 양질의 삶을 향도한다는 점에서 문화적 고부가치를 창출하는 또 다른 인문학이라 칭송되거니와, 서 시인의 시들은 저러한 면모 외에도 사람들의 지성을 번쩍 깨우는 범상치 않은 아우라를 거느린다. 그의 시는 자연이나 인간을 가만히 관조하거나 온갖 사상事象에 골똘하거나 새로운 모랄을 창조해내는 등등의 신성한 과정을 거치며 서정시의 태로 형상화해낸다.

시인이란 자연 만물의 정채精彩를 독해할 줄 아는 동시에 그 아름다움의 진수에서 반향되거나 자기 회귀로 시인됨의 정서를 차원 높게 정화해내는 특별한 사람이다.

문학은 창조되는 언어 예술이지만 문인의 인품, 교양, 지성 또는 예술적 재능 등에서 발상되는 종속 변인이라는 점을 아무도 부정할 사람은 없을 것이다. 서 시인의 시는 그 점으로 보아 그의 인간학 전부라고 일컫고 싶은 것이다.

또한 서 시인의 시들은, 일괄해 볼 때, 시의 가락이 마치 정형시를 대하듯 그 리듬이 유장하다. 시가 음악적 요소, 회화적 요소, 의미적 요소로 함께 융합하는 형태로 형상화되어야 한다는 점은 시론을 피력함에 있어서 필연적인 주장이다. 서 시인의 시에서 가장 화려한 특질로 음악성의 빼어남을 들 수 있을 것이다. 그러함에도 의미적 요소인 주제의식도 만만치 않다. 시의 근본 체질과 등가적으로 한몸이 되는 사상이나 어떤 메시지가 깊이 내포된다.

문학은 시공을 초월하여 전위적으로 표현되는 소위 형상화의 특성도 현대시를 운위함에 있어서 자주 등장하는 화두이다. 또한 문학은 사회 집단적 경험이나 어떤 인습으로 연유된 상징성에도 접목될 수 있는데 서 시인의 시 중에는 역사적 사상事象을 현재의 사조나 의식으로 현현시켜 이를 천착하고 관조하여 오늘에 시적 영상을 꾀하는 탁월한 역량도 돋보인다.

서 시인은 일찍이 수필가로 명망 높은 문사였다. 늦게야 시의 과녁을 겨누고 집요하게 몰두하였다. 법학을 전공하여 시를 정통으로 학습했다고 볼 수 없는 상황에서도 그의 시를 빚어내는 능력은 탁월하다. 그리고 이미 좋은 문학작품을 양산했다. 이제 팔순을 맞아 시선집 『아득한 별들의 고향』을 출간하게 됨을 진심으로 축하한다. 서상옥 시인이 정려하는 '문학의 길' 닦음에 다시 한 번 깊은 찬사를 보낸다.

| 발문 |

# '내 나이 이제 겨우 여든'

## – 湖心 서상옥 시선집 『아득한 별들의 고향』에 붙임

이동희(시인 · 문학평론가)

호심湖心 서상옥 작가와는 짧지 않은 세월 문학을 중심축에 두고 마딘 세월의 징검다리를 건너오기 5년차다. 매주 한 번 문학을 화두로 지난 1주일의 삶을 돌아보고, 또 앞으로 닥쳐올 1주일을 가늠하느라, 매주 굼뜨지 않은 세월의 받침대를 만들어온 셈이다.

얼마 전에는 그렇게 지나치게 겸손하지 않으셔도 좋으니 그저 쓰시고 싶은 소재를, 드러내고 싶으신 방법으로 표현하기만 해도 좋은 마음그림이 될 것이라며, 이제는 만만치 않은 필력이 붙으셨으니 타인의 의견에 그리 고심하지 마시라고 말씀드려오던 차였다. 그런데 습작이라며, 눈여겨 살펴 달라시며 보내오신 작품이 이렇게 시작되고 있었다.

'내 나이 벌써 여든 살, 덧없이 흘러간 세월의 무상과 인생의 허무를 느낀다.'

평소에는 호심 선생님의 글에 가급적이면 언급을 자제하

며 그저 진중하신 노년의 삶이 어떤 것이며, 그렇게 인생을 경작하시는 분의 마음풍경이 어떠한지 들여다보며 감상하는 차원이었지만, 이 한마디 말씀이 나의 심기를 조금은 서글프고 안타깝게 했다. 그래서 다른 때와 달리 이 산문을 시작하는 첫 구절과, 이 산문의 문을 닫는 결구를 이렇게 고치고야 말았다. 호심 선생님으로부터 마뜩지 않으시다는 지청구를 감내할 각오를 하고 그렇게 했다.

"앞에서 밝혔던 '내 나이 벌써 여든'을 이제는 '내 나이 이제 겨우 여든!' 이렇게 바꾸어 내가 나를 잊을 때까지 배우고 익히며 살아가련다. 누구였던가? 나이는 숫자에 불과하다고…"

이렇게 바꾸고 보니 평소 호심 선생님다운 인문학에 대한 애정 어린 결기와 지적 탐구심의 열정이 조금은 드러나는 듯이 보여 흐뭇했다. 그리고 그 주의 만남의 시간에 시건방진 가필과 첨삭에 불편한 심기를 드러내시면 감내할 각오를 하고 있었는데, 호심 선생께서도 만족하는 눈치였다.

왜 그렇지 않겠는가? 노년이 무슨 죄라도 된다는 듯이, 고령화 사회가 고령자들의 잘못이라도 된다는 듯이, 장수가 무슨 못할 짓이라도 했다는 듯이 몰아가는 근래 사회풍조에 비추어, 자신의 노령을 드러내놓고 과시하기에 계면쩍어하시는 분들을 의외로 자주, 많이 발견하는 실정이기 때문이었다.

그러나 아무리 인류 사회가 경제적 물질사회화 되어간다 할지라도 한 개인의 건강한 장수는 동서고금의 미덕이 되었으면 되었지, 천덕꾸러기 신세로 전락하는 사회에 무슨 인간다운 삶의 즐거움과 아름다움이 있겠는가?

더구나 호심 선생님처럼 손수 창작해 오신 작품들을 가리고 뽑아서 '내 나이 여든 살'을 기념하는 문집을 내실 만큼 노익장을 과시하는 분에게 나이는 그야말로 숫자에 불과한 것이 되고 마는 것이 아니던가! 그러니 호심 작가께서는 나이가 왜 숫자에 불과한 것인가를 자신의 삶을 통해서 입증하고, 그것을 선집選集으로 남김으로써 인간이 어떤 삶을 지향하는가를 몸소 보이시는 일에 나선 셈이다. 그런 저력의 바탕은 마땅히 '네 나이 벌써 여든'이라는 회한과 허무와 무상함이 아니라, '내 나이 이제 겨우 여든'이라는 굳건한 삶의 용기와 자부심에서 비롯하는 것임을 짐작하기 어렵지 않은 것이다. 자부심自負心이 무엇인가? 바로 '자기 자신을 사랑할 줄 아는 능력'이라 하지 않는가? 호심 선생의 문필생활은 자부심을 가지셔도 전혀 과하지 않은 진정성의 그것이었음을 지켜보아온 결과다.

호심 선생의 인문학적 지향성과 탐구적 삶의 자세는 1~2년에 걸친 이야기가 아니다. '늦깎이'라는 말을 시기의 늦음을 뜻하는 말로 별 부담 없이 사용하지만, 이 말의 출처는 승가僧家다. 비록 출가出家의 시기가 세령歲齡으로는 늦었지만, 속세와 인연을 끊으려는 단호한 결단만은 결코 늦거나 더디지 않음을 나타내는 말로 쓰였다. 호심 선생께서 문필생활에 늦깎이로 발을 내디디셨지만, 문단으로의 출가 의지만은 단호했음을 다음 사례로 알 수 있는 것이다.

호심 선생께서는 평소 "한 해는 산문집을 내고, 다음 해에는 시집을 내겠다."며 치열하게 창작의 열정을 불태워오

셨다. 그러더니 어느 때부터인가[아마도 팔순을 내다보시는 부근일 것이다.] "이제는 팔순 기념 선집이나 내고, 책 내는 일을 삼가야 할까 봐." 이 말을 듣는 순간 필자는 예의 '나이는 숫자에 불과하다.'는 말의 진정성을 호심 선생께서 입증하시라며 채근했던 기억이 생생하다. 이제 문필생활의 진면목을 보이실 문령文齡에 연치年齒 때문에 세속의 눈치를 보시는 일이야말로 비인문적이며, 반탐구적인 삶임을 진언했던 기억이 새롭다.

이제 한 호흡을 가다듬는 심정으로 선집을 내시고, 앞에서 스스로 다짐한 바처럼 '한 해는 산문집을 내고, 다음 해는 시집을 내시며' 이 부박하고 물질화되어가는 세상에 순수의 지의 실증을 보여주시라는 말씀을 간곡히 올리는 바이다.

이것은 그냥 하는 덕담이 아니다. 필자가 호심 선생께서 제3시집 『빈지문에 서성이다』(2012년)를 내실 때 발문跋文에 얹어드렸던 말씀을 살펴보면 충분히 납득하실 수 있을 것으로 믿기 때문이다. 이를 요약하여 제시하며, 팔순을 넘어 천수를 누리시며 여생이 어떻게 의미 있게 아름다울 수 있는가, 창작의 혼을 다시 한 번 더 다짐하시기를 바랄 뿐이다. 호심 선생의 창작의 원동력은 늘 새로운 세계에 대한 탐구의 열정에서 비롯하는 것으로 보았다. 하나의 세계에 머물지 않고 끊임없이 인문학의 세계를 탐구하는 것이 결국은 자신의 삶을 새롭게 열어가는 것으로 귀결되었던 것이다.

첫째 새로운 세계에 도전하는 사람들은 반드시 교학상장教學相長의 참뜻을 실천한다. 배우고 가르치는 일은 일방적이 아니다. 상호작용이며 쌍방적인 소통의 과정이다. 교사가 일방적으로 가르침을 주는 것 같지만 사실 그렇지 않다. 교사가 오히려 배우는 입장에 있는 대상으로부터 깨달음을 얻는 경우도 있다. 학생 또한 일방적으로 배워 얻기만 하는 존재가 아니다. 오히려 가르치는 이의 옷깃을 여미게 하는 학생이 진정 배우는 자의 자세다.

호심 선생이 그런 분이다. 필자는 일견 문학적 전문지식으로 목소리를 높이지만 그것마저 사람됨의 안목으로 본다면 서푼 어치도 안 된다는 것을 느낄 때가 한두 번이 아니다. 호심 선생처럼 가장 연장자이면서 몸은 가장 낮게 임하시는 것을 보면 알 수 있다. 제일 먼저 모임자리에 나와 강의실의 문을 여는 역할을 기꺼이 맡아 한다. 스스로 문예반의 만년 당번을 수행하고 규율부장을 자임하는 태도는 배우면서 가르치는 자세가 아니고서는 나올 수 없다. 그러므로 호심 선생의 문학작품은 그런 인간적 삶의 문학적 변용임을 한눈에 알 수 있다.

둘째 새로운 세계에 도전하는 사람은 반드시 불치하문(不恥下問－지위·학식·나이 따위가 자기보다 아랫사람에게 묻는 것을 부끄럽게 여기지 아니함)하는 자세를 지닌다. 앞에서 지적한 교학상장처럼 가르치는 일은 배우는 이를 북돋워 성장하게 하고 배우는 일은 또한 가르치는 이에게 보람을 안겨준다. 그래서 교敎와 학學은 서로를 북돋워 발전하게 한다고 했다. 그런 자세의 근본이 바로 겸손한 사람됨에 있다.

사실 겸손하지 않은 사람에게 가르칠 게 없고 겸손을 모르는 사람에게서 또한 배울 바 없는 것이 사람의 관계가 아닌가? 겸손은 자신을 낮추는 데 있다. 그러나 아무 생각 없이 몸을 낮춘다고 겸손해지는 것은 아니다. 모르고 하는 겸손은 겸손이 아니라 무지한 만용에 가깝다. 정말 겸손하기 위해서는 자신의 됨됨이를 알아보려는 탐구적 자세와 병행해야 한다. 그래야 겸손한 자세와 참된 마음가짐이 가능하다. 이것이 바로 불치하문의 경지다. 비록 연치에서, 사회적으로 쌓아온 인생 경력에서 한참이나 아랫사람일 필자에게까지 극진한 예우를 다하려는 자세에서 배움의 진지함을 실감한다. 호심 선생의 삶의 자세는 필자에게만이 아니다. 누구에게나 좋은 일을 알리고 권유하는 진정성-불치하문하는 겸손함이 대하는 사람을 설득시키는 비결 아닌 비결이다.

셋째 미지의 위험에 도전하고 새로운 세계를 탐구하는 사람은 그 일에서 즐거움을 누릴 줄 안다. 이것이 반드시 고전적 가르침만은 아닐 것이다. '아무리 많이 아는 자라 할지라도 그것을 좋아하는 자만 같지 않고, 아무리 좋아하는 자라 할지라도 그것을 즐기는 자를 따를 수 없다.[知者不如好者, 好者不如樂者]'고 했다.

호심 선생은 무엇이 그리도 즐거운지 매사 웃음으로 시작한다. 남녀노소를 불문코 상대를 대하는 일성은 언제나 유머요 조크다. 그러니 만나는 사람들은 경계심이나 긴장감을 풀어놓고 편안함으로 대하기 좋다. 하는 일에서 보람을 찾는 지름길은 스스로 즐거움을 만들어내는 일이다. 즐거워야 하는 일에서 보람도 거두고, 그 거둔 보람이 인생을 충실하게 하는 밑거름임을 우리는 안다. 알고 있으면서도 쉽게 실천할 수 없는 것이 또한 웃음이요 기쁨이다. '배우고 때때로 익히는 즐거움을 공유하자.'고 권하는 말씀에 전직 동료나 가까운 이웃들이 기꺼이 동조하는 것은 '즐거운 인생'에 대한 확고한 신념이 호심 문학의 근저에 깔려 있기 때문으로 본다. 그런 사람됨의 진정성을 확립하고 있다면 그로부터 거두는 문학성의 색깔에 현미경을 들이댄다든지, 문학성의 무게를 저울질한다는 것이 얼마나 부질없는 짓인가를 알 수 있다.

넷째 미지의 위험에 도전하고 새로운 세계를 탐구하는 사람에게는 인격적 결단이 함께해야 한다. 유행 타듯이, 그저 심심파적하듯이, 혹은 해도 그만이요 아니 해도 그만인 듯한 자세로는 아무것도 이룰 수 없다. 새로운 세계에 도전하고 미지의 세계를 탐색하는 데는 치열성이 담보되어야 한다.

호심 선생이 그런 분이다. 생활의 중심축을 문학에 두고 있어서 하는 말이다. 그로부터 거두는 성과가 외부로부터 호평을 거두면 금상첨화일 것이다. 그러나 설사 외부적인 평가에서 만족하지 못할지라도 스스로 기울인 인격적 질량에서 만족하면 된다. 일단은 스스로 하는 일에 대하여, 스스로 긍정하는 힘은 후반생을 역동적으로 경영하는 데 필수적인 요인이기 때문이다. '인격이란 스스로 책임지는 능력'이라고 한 이는 칸트(I.Kant)였다. 호심 선생은 자신이 기울이고 있는 문학공부를 통해서 자신에게 충실하고자 하는 문학 창작설계로 충만해 있는 분이다. 스스로 수행하는 과업을 치열하게 수행하겠다는 의욕은 바로 전 인격적 결단을 실천에 옮기려는 책임 있는 자세에서만 나올 수 있다.

배우고 때때로 익히는 것[學而時習之不亦樂乎]만큼 즐거운 일은 없다고 생각한다. 할 수만 있다면 평생을 그렇게 살고 싶다. '사람은 나이가 들어서 늙는 것이 아니라, 배움을 포기할 때 늙는다.'는 말 또한 인생의 한 대목을 비추는 진실이다. 그러나 이런 진실도 스스로 결단하고 나서지 않으면 그림 속의 떡일 뿐이다. 호심 선생은 실천력으로 자신의 문학세계를 구축해낸 분이다.

거두신 문학적 성과가 가볍다거나 무겁다거나, 혹은 문학성의 색깔이 짙다거나 옅다거나 논할 처지가 아님을 안다. 다만 그분이 기울인 연부역강年富力强하는 삶의 자세는 우리 앞에 놓여 있는 '후반생의 삶을 어떻게 살 것인가?'에 대한 물음에 하나의 좋은 수범사례가 됨직하다는 사실이다. 필자 또한 공부하는 심정으로 이를 돌아봤을 뿐이다.

바라기는 백수를 가볍게 넘기실 때까지 교학상장의 참뜻을 널리 펴면서 불치하문하는 치열함을 내연內燃시키는 원동력이 지자知者 호자好者 낙자樂者의 경지로 사시기를 바란다. 동시에 지금까지 이룬 인격적 결단에 값하는 아름다운 결실이 문학세계를 기름지게 하시기를 바랄 뿐이다.

이런 삶의 세계는 '내 이제 겨우 여든'으로 새롭게 시작될 것이고, 그런 삶의 세계는 '천수를 누린 의미 있는 아름다움'으로 끝이 날 것이다.

서상옥 시집

# 아득한 별들의 고향

**인쇄** 2015년 03월 14일
**발행** 2015년 03월 20일

**지은이** 서상옥
**발행인** 서정환
**펴낸곳** 신아출판사
**주소** 전북 전주시 완산구 공북 1길 16(태평동 251-30)
**전화** (063) 275-4000 · 0484, 252-5633
**팩스** (063) 274-3131
**이메일** sina321@hanmail.net essay321@hanmail.net
**출판등록** 제465-1984-000004호
**인쇄 · 제본** 신아출판사



**ISBN** 979-11-5605-192-3 03810
값 10,000원

이 도서의 국립중앙도서관 출판예정도서목록(CIP)은 서지정보유통지원시스템 홈페이지(http://seoji.nl.go.kr)와 국가자료공동목록시스템(http://www.nl.go.kr/kolisnet)에서 이용하실 수 있습니다.(CIP제어번호: CIP2015008433)

Printed in KOREA